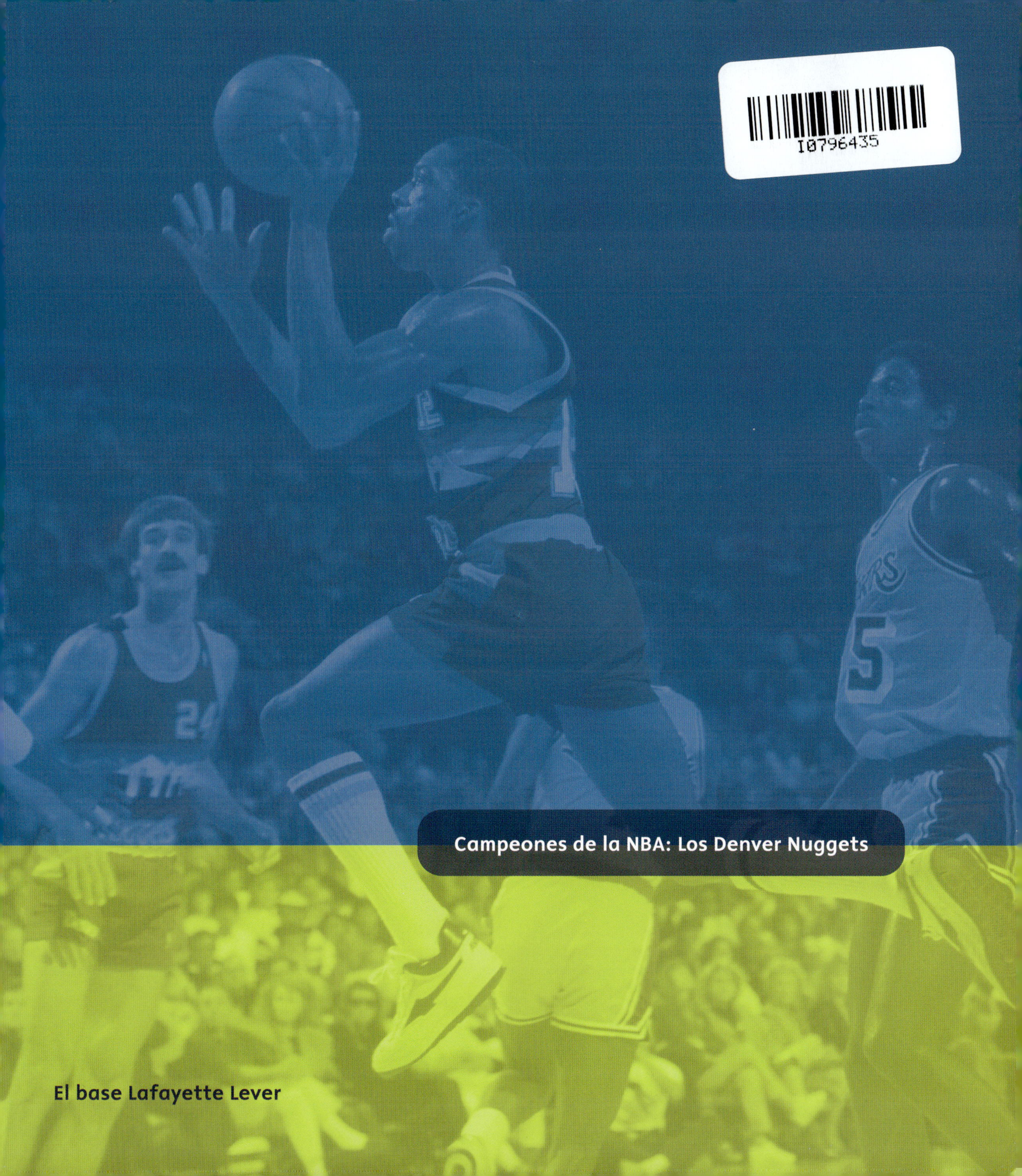
I0796435
Campeones de la NBA: Los Denver Nuggets
El base Lafayette Lever

El ala pívot Kenyon Martin

CAMPEONES DE LA NBA

LOS DENVER NUGGETS

JOE TISCHLER

CREATIVE EDUCATION / CREATIVE PAPERBACKS

El alero David Thompson

Publicado por Creative Education y Creative Paperbacks
P.O. Box 227, Mankato, Minnesota 56002
Creative Education y Creative Paperbacks son sellos de
The Creative Company
www.thecreativecompany.us

Dirección artística de Tom Morgan
Producción del libro por Graham Morgan
Editado por Grace Cain

Imágenes de Getty Images/AAron Ontiveroz, portada, Andrew D. Bernstein, 5, 15-16, Brian Babineau, 2, Carl Iwasaki, 4, Dick Raphael, 6, Doug Pensinger, 24, Garrett Ellwood, 3, Harry How, 20, Heinz Kluetmeier, 12, Icon Sportswire, 10, Mike Powell, 1, Richard Mackson, portada, Tim DeFrisco, 19, Desconocido, 9, Wally Skalij, 7

Library of Congress Cataloging-in-Publication Data
Names: Tischler, Joe, author.
Title: Los Denver Nuggets / by Joe Tischler.
Other titles: Denver Nuggets. Spanish
Description: Mankato, Minnesota : Creative Education and Creative Paperbacks, [2025] | Series: Creative sports: Campeones de la NBA | Includes index. | Audience: Ages 7-10 years | Audience: Grades 2-3 | Text in Spanish. | Summary: "Elementary-level text translated into North American Spanish and dynamic sports photos highlight the NBA championship win of the Denver Nuggets, plus sensational players associated with the professional basketball team such as Nikola Joki "-- Provided by publisher.
Identifiers: LCCN 2024023419 (print) | LCCN 2024023420 (ebook) | ISBN 9798889898153 (lib. bdg.) | ISBN 9781682778746 (paperback) | ISBN 9798889898351 (ebook)
Subjects: LCSH: Denver Nuggets (Basketball team)--History--Juvenile literature. | CYAC: Denver Nuggets (Basketball team)
Classification: LCC GV885.52.D46 T5718 2025 (print) | LCC GV885.52.D46 (ebook) | DDC 796.323/640978883--dc23/eng/20240605

Impreso en China

El escolta Elston Turner

El alero Kiki Vandeweghe

ÍNDICE

Hogar de los Nuggets

Denver (Colorado) es una ciudad cercana a las montañas Rocosas. El apodo de la ciudad es "Mile High City". La ciudad se encuentra a una milla sobre el nivel del mar. Denver también alberga un **estadio** llamado Ball Arena. Es el hogar de un equipo de baloncesto llamado los Nuggets.

Los Denver Nuggets son un equipo de la Asociación Nacional de Baloncesto (NBA). Juegan en la División Noroeste. Forma parte de la Conferencia Oeste. Sus **rivales** son el Utah Jazz y los Minnesota Timberwolves. Todos los equipos de la NBA quieren ganar las Finales de la NBA y proclamarse campeones.

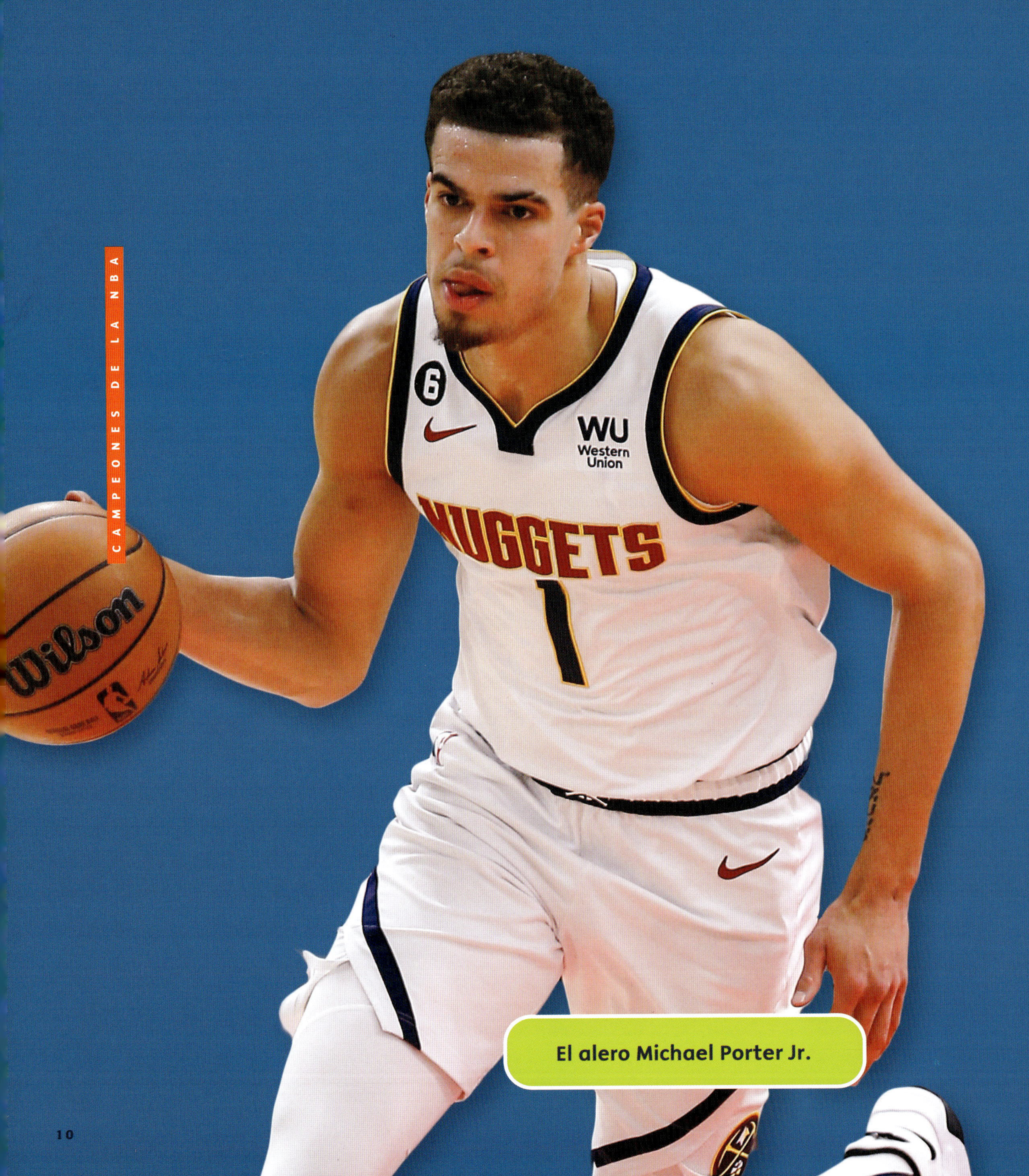

El alero Michael Porter Jr.

Nombrando a los Nuggets

El equipo se llamó primero los Rockets. En 1974 cambiaron su nombre por el de los Nuggets. En los 1800, la gente se apuraban a las montañas Rocosas de Colorado. Buscaban pepitas de oro y plata. El equipo se llama los Nuggets en honor a esta historia. Denver tuvo un equipo de la NBA en 1949-1950. También se llamaba los Nuggets.

El alero David Thompson

Historia de los Nuggets

Los Nuggets empezaron a jugar en 1967. Jugaron en la Asociación Americana de Baloncesto (ABA). El centro Spencer Haywood fue bueno en 1970. Ganó los premios al **Jugador Más Valioso (MVP)** de la ABA y al Novato del Año.

El equipo se trasladó a la NBA en 1976. El escolta David Thompson y el centro Dan Issel fueron sus principales estrellas. Denver alcanzó las finales de conferencia en su segunda temporada en la NBA. Alex English y Lafayette "Fat" Lever mantuvieron a Denver en la senda del triunfo durante toda la década de 1980. Llegaron a las eliminatorias nueve temporadas seguidas.

Siguieron muchas temporadas perdedoras. Denver sólo ganó 11 partidos en 1997-98. El supergoleador Carmelo Anthony llegó en 2003. Llevó a Denver a su primera aparición en las eliminatorias en nueve años. Los Nuggets llegaron a las finales de conferencia en 2009.

El alero Carmelo Anthony

El base Chauncey Billups

El centro Nikola Jokić se unió al equipo en 2015. Se convirtió en uno de los mejores jugadores de la liga. Fue nombrado MVP de la NBA en 2021, 2022 y 2024. En 2023, llevó a los Nuggets a su primera aparición en las Finales de la NBA. Denver venció al Miami Heat en cinco partidos. ¡Los Nuggets fueron campeones por primera vez!

Otras estrellas de los Nuggets

Los Nuggets han tenido muchas otras grandes estrellas. El alero Bobby Jones fue un gran defensor en la década de 1970. Fue **All-Star** cinco veces. Dikembe Mutombo también era un gran defensor. Tres veces lideró la liga en tiros bloqueados. Ganó el premio al Jugador Defensivo del Año en 1995.

Andre Miller y Chauncey Billups eran grandes bases. Repartían muchas **asistencias**. Ty Lawson también era bueno repartiendo asistencias.

El centro Dikembe Mutombo

El centro Nikola Jokić

oy, Jamal Murray se une a Jokić para formar uno de los mejores dúos del juego. Michael Porter Jr. y Aaron Gordon son titulares de calidad. Los aficionados de los Nuggets esperan que pronto puedan ayudar a traer otro **título** a Denver.

Acerca de los Nuggets

Primera temporada: 1967-68

Conferencia/división: Conferencia Oeste, División Noroeste

Colores del equipo: azul marino, rojo y amarillo

Estadio local: Ball Arena

CAMPEONATOS DE LA NBA:

2023, 4 partidos a 1 sobre el Miami Heat

PÁGINA WEB DEL EQUIPO:

https://www.nba.com/nuggets/

Glosario

All-Star—jugador elegido para jugar en el partido All-Star, en el que participan las principales estrellas de la temporada

asistencia—un pase de baloncesto que conduce a una canasta

estadio—un edificio grande con asientos para espectadores, donde se celebran partidos deportivos y eventos de entretenimiento

Jugador Más Valioso (MVP)—un honor otorgado al mejor jugador de la temporada

rival—un equipo que juega más duro contra otro equipo

título—otra palabra para campeonato

El centro/ala pívot Chris Andersen

Índice